Lu

El gozo de perdonar

Título: **El gozo de perdonar**
Luis Valdez Castellanos, SJ

ISBN: 970-693-207-0

Primera edición: mayo de 2004.
Décima octava reimpresión: noviembre de 2015

Hecho en México
Con las debidas licencias

Todos los derechos © reservados a favor de:
Obra Nacional de la Buena Prensa, A.C.
Orozco y Berra 180 • Santa María la Ribera
Apartado Postal M-2181 • Código Postal 06000, México, D.F.
Teléfono: 5546 4500, extensiones: 511 a 514, 516-517.

Diseño de cubierta: Buena Prensa

Índice

Introducción 5

Capítulo 1
Aplicaciones del perdón 7

Capítulo 2
Definiciones del perdón 13

Capítulo 3
El perdón y los sentimientos 21

Capítulo 4
El perdón a los papás 31

Capítulo 5
El perdón a la pareja 37

Capítulo 6
El perdón a Dios 43

Capítulo 7
Culpa psicológica y culpa religiosa 49

CAPÍTULO 8
El perdón a uno mismo 53

CAPÍTULO 9
Ayudas desde la fe para perdonar 59

CONCLUSIÓN
Elementos que facilitan el perdón 65

BIBLIOGRAFÍA RECOMENDADA 69

Introducción

Nos han hecho creer que el perdonar al otro es hacerle un favor. Todo lo contrario; si perdonamos a alguien nos estamos haciendo un favor a nosotros mismos. Parecería mentira, pero al perdonar al que nos hirió estamos soltando una carga del pasado que nos agobia y estamos logrando vivir en paz. En ocasiones quizá el otro no se dio cuenta de que nos lastimó, y somos nosotros los que estamos heridos, la herida es nuestra. Al perdonar curamos nuestra herida.

También se piensa que perdonar es un acto mágico y rápido cuando en la mayoría de los casos el perdón es un camino que tiene varias etapas. Me refiero sobre todo a perdonar ofensas graves que nos han lastimado mucho. Éstas tardan mucho tiempo para que logremos perdonarlas y esto se hace poco a poco.

Por otra parte, no es raro encontrarse con personas que sí saben perdonar a otros pero no se perdonan a ellas mismas. Son más misericordiosas con los demás que con ellas. Por eso también veremos el perdón a uno mismo.

En este escrito quiero presentar los elementos básicos de este proceso de perdonar a los demás y también a uno mismo.

Para perdonar nos ayuda tanto el aporte de la psicología como el de la teología. Aquí tomaremos ambos aportes, pues son complementarios.

Preguntas:

1. ¿Qué tareas descubro que tengo en relación con el perdón?
2. ¿A quién me hará mucho bien perdonar?
3. ¿Qué heridas descubro en mí que quiero sanar?

Capítulo 1

Aplicaciones del perdón

¿A qué o a quiénes podemos aplicar el perdón?

El perdón puede ejercitarse ante los acontecimientos difíciles de la vida, como un gran fracaso personal o una enfermedad grave, como un cáncer, o también ante un accidente. Ante estos acontecimientos suele surgir la culpa o el sin-sentido y alivia mucho el aplicar el perdón a esas experiencias que suceden a tantas personas en el mundo.

El perdón se aplica también a los individuos, estén vivos o muertos, y se puede perdonar a grupos de personas. Respecto a las personas vivas, se puede perdonar estando ellas presentes o ausentes. Como veremos después, no es necesario que la otra persona se encuentre físicamente delante de nosotros para perdonarla, ya que podemos perdonarla aunque se encuentre en otro lugar. Y no es necesaria la presencia física para perdonar pues el trabajo lo hace uno mismo independientemente de la otra persona. De lo contrario, el perdón estaría muy limitado y seríamos esclavos de los demás. Si esa persona no viviera en mi ciudad o estuviera muerta no habría esperanza de que yo me curara de mi herida. Por eso, es muy esperanzador que yo puedo perdonar a otras personas, que no es necesaria su presencia física aquí y ahora, y que me puedo liberar de esa carga.

Perdón a grupos e instituciones

Cuando oímos la palabra perdón normalmente lo que acude a nuestra mente son personas individuales, no grupos. Sin embargo, el hecho de pensar en ciertos grupos de personas puede activar un fuerte deseo de venganza o castigo, de actuar violentamente. Esto sucede debido a la mentalidad que impera en la sociedad, a los prejuicios sociales que se transmiten en la educación. Las actitudes de superioridad se convierten en ideas equivocadas sobre otros grupos o países; por ejemplo, un habitante de un país rico que se cree superior a las personas de los países pobres las mira como inferiores, como ignorantes, como incultas...

En la historia de la humanidad ha habido sociedades racistas (creen que su raza es superior a otras razas) por ejemplo, los alemanes de raza aria se creían superiores a los judíos y quisieron eliminarlos. En Estados Unidos los hispanos son mal vistos en muchos lugares. En nuestro país son mal vistos los indígenas (¡Eres un indio!), los "prietos" (¡Eres un naco!), los homosexuales (¡Eres un joto!), etc.

1. Aplicaciones del perdón

La hostilidad, el resentimiento y el prejuicio contra grupos enteros de personas pueden estar tan integrados en nuestra mentalidad que tan sólo el hecho de pensar en ellos nos activa una reacción refleja de temor y distancia. Aun cuando jamás hayamos conocido a ninguna persona de ese grupo, tenemos ciertas creencias sobre quiénes son, cuánto podemos confiar en ellos y qué podemos esperar de ellos. La identidad de nuestro grupo nos ciega impidiéndonos conocer real y completamente a personas de otros grupos.

Como dice Robin Casarjian:

> Como nos ocurre con nuestros enemigos personales, cuando sentimos hostilidad o prejuicios contra un grupo en particular, el temor y la proyección dominan nuestra percepción y nos impiden ver quiénes y qué son en realidad esos 'enemigos'. El prejuicio determina nuestras expectativas y experiencias, porque suponemos que cada persona de un grupo determinado se va a comportar de cierta manera. Nos relacionamos con una abstracción y no con un ser humano individual. (Pág. 258. Ver la bibliografía recomendada en la pág. 55 de este folleto.)

Perdonar a los grupos requiere estar dispuesto a ver más allá de las ideas preconcebidas, a ver de manera nueva a cada persona de ese grupo. Es decir, a cuestionar las ideas que aprendimos y revisarlas constantemente.

En cuanto a la religión, la historia es testigo de innumerables conflictos entre diversas religiones y también al interior de una misma religión. Recordemos las disputas entre los católicos y los protestantes, y recientemente, las diversas sectas que existen en nuestro país.

También es importante realizar el perdón a ciertos grupos dentro de la Iglesia Católica. Esto no es raro ya que cada uno de los católicos tenemos, a la vez, la capacidad de odiar y de amar, de curar y de lastimar, de agredir y de acoger. No existen personas completamente buenas que no tengan algo malo, o solamente malas que no tengan algo bueno.

No podemos negar que hay grupos eclesiales que aún teniendo muy buena voluntad (subjetivamente), sin embargo, dañan y destruyen (objetivamente) a algunas personas. Hay grupos que se creen superiores a otros y se sienten con el derecho de juzgar y condenar a otros. Se ven a ellos mismos como los jueces, como los buenos, los salvadores y consideran a los otros como los malos, los que están causando un mal terrible a la Iglesia y deben ser combatidos con energía y muchos recursos.

Algunos grupos dañan a las personas al infantilizarlas y decirles lo que Dios quiere para ellas, al amenazarlas con el "castigo divino", al negarles la libertad de pensar por ellas mismas, al imponerles una imagen determinada de Dios, etc.

Estas conductas son exactamente lo contrario a lo que hizo Jesucristo, que ofreció, con liber-

1. APLICACIONES DEL PERDÓN

tad, a su Padre-Abbá (papi) para que el que quisiera acogerlo libremente en su corazón lo hiciera. Jesús siempre ofreció como Buena Noticia a Dios y nunca lo impuso con el miedo. Invitaba a los que lo escuchaban a tener la experiencia de encontrarse con su Abbá que es como el papá del hijo pródigo (Lc 15. 11-31) y no el de los fariseos.

Recientemente hemos sabido, con una gran sorpresa y consternación, del abuso sexual de algunos sacerdotes sobre niños y religiosas. El mismo Papa Juan Pablo II ha lamentado estas conductas. Y aunque el conocerlas nos duele a todos, es muy importante que estemos informados para poder resolver ese problema. Esconderlo, como los avestruces, es más dañino que el posible escándalo que pueda provocar, pues si el problema no se reconoce y se atiende, se extenderá aún más.

El daño causado por gente de la Iglesia es más doloroso, pues es de quien menos se espera recibir algo malo. Por eso las heridas "religiosas" son tan dolorosas y necesarias de atender.

Y esos laicos afectados y dañados necesitan perdonar a estos grupos para poder vivir en paz y en libertad.

Para reconciliarse con algunos grupos religiosos recomiendo la lectura de dos libros:

Sanando el abuso espiritual y la adicción religiosa. Hermanos Linn.

Querida Iglesia. Carlos González Vallés.

Preguntas:

1. ¿Existe algún grupo ante el cual sienta antipatía: enfermos de Sida, indígenas, homosexuales, etc.?
2. En mi educación religiosa ¿me han impuesto a un Dios?

Capítulo 2

Definiciones del perdón

Lo que no es perdón

Dado que hay ideas equivocadas que obstaculizan o impiden el perdón, ahora mencionaré una lista de ellas para que cada uno de los lectores pueda avanzar en el perdón a alguien o algún grupo.

1. *Perdonar no significa olvidar*
El olvido de una ofensa o de una herida no depende de tu voluntad. Se da el caso de que puedes perdonar a alguien que te lastimó, pero sigues recordando la herida. Por ejemplo, una mujer perdonó al sujeto que la violó sexualmente, pero el recuerdo de la violación aparece de cuando en cuando. El olvido puede venir o no, pero cuando ya perdonaste ese recuerdo no te afecta gravemente.

2. *El perdón no significa renunciar a que se haga justicia*
La justicia se tiene que vivir y aplicar para que haya vida. Se puede perdonar al violador sexual pero se le pide que entre a una terapia de rehabi-

litación sexual para que no vuelva a dañar a otras personas. En este caso se trata de ayudar al agresor para que acepte las consecuencias de sus actos y a que busque su curación.

3. Perdonar no es tolerar que te lastimen
No por perdonar a alguien quiere decir que debes aceptar que esa misma persona te siga lastimando. Si tu mamá te avergonzó delante de tus amigos le pones límites por si lo intenta otra vez. Tú tienes el derecho de evitar que una conducta repetitiva que te afecta siga sucediendo.

4. Perdonar no es justificar comportamientos, propios o ajenos, inaceptables o abusivos
No por justificar las acciones del otro tú sanas. La herida vive en el que sufre, no en las intenciones o la voluntad del otro. Justificar así al que daña es una evasiva para no mirar el mal de frente ni llamar a las cosas por su nombre. Perdonar no es justificar al otro sino curar las heridas propias. Por ejemplo, si un papá humilló fuertemente a su hija, el perdón no es que la hija diga: "Comprendo que mi papá hizo esto conmigo porque su papá fue muy duro con él y además fue huérfano de madre y no tuvo cariño". Esto no es perdonar sino justificar.

5. Perdonar no es hacer como que todo va bien cuando sientes que no es así
Con el perdón no se trata de fingir o aparentar, ni de reprimir los sentimientos. Por ejemplo, alguien

2. Definiciones del perdón

me dice un comentario agresivo y, por fingir digo: "No me lastimó, no me siento herido." En realidad sí estoy dolido. Muchas personas aprenden a sustituir sus auténticos sentimientos por comportamientos más aceptables, que dan recompensa. En muchos ambientes sociales, el enojarse suele ser considerado inaceptable, y por eso las personas se comportan con mucha educación y propiedad pero reprimen sus sentimientos. Recomiendo la lectura de mi libro "Comunicación y manejo de sentimientos" en esta misma editorial.

6. *Perdonar no es adoptar una actitud de superioridad farisaica, ver al otro de arriba hacia abajo*

El sentirse víctima, de los acontecimientos o de las personas, nos pone en la tentación de sentirnos superiores, de creer que los otros son los malos y nosotros somos los buenos. Si perdonas a alguien porque le tienes lástima, eso no es perdón sino arrogancia. Es la actitud del que le perdona la vida al otro.

7. *Perdonar no significa que no debo cambiar de comportamiento con la persona*

Si tu amigo te hirió muy profundamente, puedes perdonarlo de corazón, pero no tienes la obligación de llamarlo de nuevo. Puedes perdonar a tu mamá porque fue imprudente y divulgó una intimidad tuya, pero tienes la libertad de decidir no confiarle otro secreto tuyo. El perdonar no te quita el derecho que tienes a defender tu intimidad.

8. *Perdonar no exige que te comuniques verbal y directamente con la persona a la que has perdonado*

El perdón tú lo realizas independientemente de la persona o acontecimiento que te lastimó. Aunque es verdad que en algunas ocasiones el diálogo puede ser una parte importante del proceso de perdonar, no es indispensable. Aun cuando el otro no se entere por tu boca de que ya lo perdonaste, tú puedes darle el perdón en tu corazón y se notará en tus actitudes.

Lo que sí es el perdón

Ahora veremos, en sentido positivo, lo que significa e implica el perdonar.

1. *El perdón es, en primer lugar, hacerse el favor a uno mismo*

La persona ofendida es la que lleva la herida y los sentimientos de dolor, coraje y rabia. Mientras no perdone seguirá cargando con esos sentimientos, con la imagen del ofensor, y con una guerra interior. El perdón significa liberarse a uno mismo del pasado y de las heridas.

2. *El perdón es una decisión, no es algo espontáneo sino querido previamente*

Para perdonar es necesario querer perdonar y elegir vivir de una manera diferente a como se ha vivido. Significa dejar de verse como la víctima. Tampoco se trata de perdonar forzosamente, porque dicen que lo manda Dios o la Iglesia.

2. Definiciones del perdón

3. *Es decidir ver más allá de los límites de la personalidad de otra persona, y apreciarla en su conjunto y no sólo en su negatividad*
Hemos vivido en una cultura que se fija más en lo negativo de las personas, en lo que fallan. Y si además hay una ofensa real, un daño, nuestra visión se cierra aún más en lo negativo. Sólo vemos lo malo y no podemos (ni queremos) descubrir la parte positiva que también es real y existe en el otro. El perdón requiere en mí de un cambio de percepción, de otra manera de ver a las personas y a las circunstancias que creemos que nos han causado dolor y problemas. Es cambiar mis lentes oscuros por unos más claros y ver mejor la vida y a los demás.

4. *Perdonar es un camino, un proceso que nos pide cambiar constantemente*
Como proceso hay distintas etapas que se recorren. Cuando ha habido una herida muy honda, por ejemplo, un abuso sexual o un divorcio, las personas suelen atravesar por fases como la de negación, el dolor, la rabia, la aceptación, el perdón y el aprendizaje. Es importante no saltar etapas sino recorrer una por una a su tiempo.

5. *El perdón es mirar de frente al mal, reconocerlo (no justificarlo) y enfrentarlo con amor*
En el ejemplo del papá que humilló fuertemente a su hija, lo sano es que ésta diga: "Papá, lo que hiciste estuvo muy mal a pesar de las razones que pudieras haber tenido. Cometiste un crimen con-

migo. Soy consciente de ello, pero de todos modos, te perdono". Aunque no es fácil, la hija reconoce el mal que sufrió (de parte de quien no debería sufrirlo), lo llama por su nombre y sólo a partir de hacerlo es cuando puede empezar el perdón auténtico.

6. *El perdón es una forma, un estilo de vida*
Cuando tenemos la capacidad de llamarle mal al mal y cuando modificamos y ampliamos la manera de ver a los demás más allá de lo negativo, vamos perdonando y siendo personas diferentes. Pasamos de ser víctimas de las circunstancias a ser poderosos y amorosos co-creadores de nuestra realidad. Es la desaparición de las percepciones que obstaculizan nuestra capacidad de amar. El perdón nos enseña que podemos estar en desacuerdo con alguien sin retirarle nuestro cariño.

Es un estilo de vida en cuanto que yo puedo reconocer que he hecho daño a otros y que otros me han dañado. Pero no me quedo en lo negativo, en ser juez de los demás, sino que aumenta mi comprensión hacia la fragilidad humana. Es ver las heridas como posibilidad para crecer en amor a los demás. Es dejar de ser el juez del mundo.

7. *El perdón es el reconocimiento tranquilo de que bajo nuestro egoísmo todos somos exactamente iguales*
Dado que no somos dioses perfectos sino creaturas que se equivocan, que estamos bajo la influencia del egoísmo y el pecado, todos dañamos

a los demás y a la ecología de alguna manera. Y, aunque amamos y servimos a los demás, todos somos capaces de odiar y lastimar.

8. Perdonar es liberarte del pasado
Es declarar que la historia ya no te va a estar molestando. Que aunque la recuerdes no tiene ya el mismo poder sobre ti, que la has aceptado y perdonado.

9. Perdonar es conseguir la paz
Porque al decidir perdonar dejas de verte como víctima; reconoces el mal, lo enfrentas; aceptas y vives los sentimientos antes reprimidos de rabia, coraje, dolor y ya no te dominan; ves a los demás de una manera más global y no sólo su parte negativa.

10. Perdonar es crecer
Cada vez que perdonas mejoras la manera de dar respuesta a lo que te acontece. No siempre podemos controlar los acontecimientos externos ni la conducta de los demás. Pero lo que sí podemos hacer es encontrar mejores respuestas a lo que nos pasa en la vida. Respuestas que no nos dejen como víctimas sino como personas que, con su libertad, deciden perdonar a la vida, a los demás y a sí mismas.

11. Perdonar es una manera de amar
El amor se expresa de muchas maneras: Un beso, una caricia, un regalo, una palabra de aliento,

una relación sexual, un cuestionamiento a tiempo, una buena noticia, etc. El perdón es una manera de amarme porque me regalo la paz y una nueva manera de ver al otro, sin quedarme en su conducta negativa.

En los evangelios es muy común que la manera de amar de Dios es con su perdón a los pecadores y pecadoras.

Dar y recibir el perdón es lo que posibilita unas familias y una sociedad realmente fraternas, a la manera del Reino de Dios. Sin el perdón mutuo no podremos llegar muy lejos como humanidad.

Preguntas:

1. ¿En cuáles ideas estaba equivocado?
2. ¿Cuáles definiciones me ayudan más?
3. ¿He cambiado mi manera de pensar sobre el perdón? ¿En qué?

Capítulo 3

El perdón y los sentimientos

No es raro oír que debemos perdonar siempre y pronto a nuestros enemigos porque eso es lo que agrada a Dios. Y aunque el objetivo es lograr el perdón, ese tipo de frases que presionan no ayudan mucho al proceso de perdonar.

Cuando alguien le ordena a otra persona: "tienes que perdonar", no toma en cuenta que el perdón es un camino a veces largo y a veces más corto, y que conlleva etapas. Y la primera etapa es tomar en cuenta los sentimientos que tiene la persona. Aceptar los sentimientos es parte del proceso de curación y de perdón. Si se rechazan y silencian los sentimientos de nada sirve, pues seguirán dentro de la persona y buscando la manera de salir y hacerse escuchar.

No puede haber nunca un perdón real si no se atraviesa por la vivencia y la expresión de los sentimientos, especialmente cuando ha habido una gran herida.

Como explico en mi libro *Comunicación y manejo de sentimientos*, no existen sentimientos malos ni buenos. No es pecado sentir ningún sentimiento (coraje, celos, odio, etcétera) ya que los sentimientos son reacciones espontáneas del cuerpo que no nos piden permiso para aparecer. El pecado no está en el sentimiento sino en las acciones, en las conductas. Los sentimientos son reacciones involuntarias que no nos piden permiso para aparecer.

Los sentimientos, en lugar de ser algo malo, son una ayuda valiosísima para conocer nuestro interior, lo que está dentro de nosotros. El ejemplo del marcador de gasolina ayuda a entender la importancia de los sentimientos. El que maneja el coche no ve con sus ojos cuánta gasolina queda dentro del tanque, sino que el marcador le dice la cantidad que queda. Si la aguja marca la zona de reserva me avisa para que inmediatamente busque una gasolinera. Así, los sentimientos son como ese marcador de gasolina que nos indica qué hay dentro de nosotros que no podemos ver con nuestros ojos.

Para perdonar es necesario aceptar y vivir con el coraje, la rabia, el enfado, el enojo, el dolor y todos los sentimientos que estén dentro de nosotros.

El coraje y la rabia

La educación de la familia fue definitiva para nuestra actitud ante los sentimientos: aceptarlos o rechazarlos. Hay personas a las que sí se les permitió enojarse y enfadarse; en cambio, a otras no se les permitió.

Cuando en la infancia el enojarse era inaceptable para los adultos que nos formaron, se apren-

3. El perdón y los sentimientos

día a sustituir el enojo por otros sentimientos y comportamientos más aceptables. Se caía en aparentar una actitud simpática a pesar de sentir malestar y enojo.

Además de que es probable que en la infancia hayamos aprendido a reprimir algunos de los sentimientos, hay otra razón para reprimir la rabia: porque no es compatible con la imagen de buena persona, de buen papá, buen marido, buen amigo...

Como dice Borysenko:

> Con el paso del tiempo el niño natural, el verdadero sí mismo, se oculta bajo el velo tejido de una colección de instrucciones acerca de cómo se supone que debemos actuar para ser queribles. Nos convertimos en víctimas del amor condicional. Debido a que el amor es un refuerzo tan potente del comportamiento, aprendemos rápidamente a experimentar y expresar pensamientos, sentimientos y acciones que son recompensados con amor. Igualmente aprendemos a reprimir y negar aquellas partes de nosotros que son vergonzantes. Mediante este potente condicionamiento, perdemos la libertad de experimentar el mundo tal como es. Aprendemos a agradar, pacificar, mentir sobre nuestros sentimientos para mantener la ilusión de la conexión con otras personas (pág. 82).

Esta cita nos ayuda a entender el porqué de muchas de nuestras conductas en la infancia. Buscábamos el amor, sentirnos queridos y estar en conexión estrecha con los seres queridos, pero tuvimos que pagar el precio que nos pedían. Y así aprendimos a desconfiar de nuestra interioridad y a confiar más en lo de fuera, en lo que otros decían.

Si en tu infancia se te maltrató y tuviste que negar y reprimir la rabia para sobrevivir, parte de tu curación incluye el hecho de darte permiso *ahora* para hacer tuyos esos sentimientos. La recuperación de tu rabia puede capacitarte para defenderte y defender tu niño interior herido que no pudo hacerlo entonces.

Si empiezas a dejar salir tu rabia y es mucha, no te asustes; ya ha estado acumulada y encerrada, pero pronto tendrá otro nivel. Procura descargarla no en las personas sino hacerlo de manera constructiva. Más abajo vienen unas sugerencias prácticas para ello.

La rabia es una reacción emocional temporal e intensa ante una amenaza real o no. La rabia y el rencor suelen encubrir otros sentimientos: impotencia, desilusión, inseguridad, aflicción o miedo.

La rabia tiene un ciclo: Primero aparece, luego se intensifica, llega a la cima y al final se va desvaneciendo. Si decidimos estacionarnos en ella nos hacemos daño a nosotros y a los demás.

¿Por qué hay personas que se aferran a la rabia? Hay personas que no la dejan marchar porque obtienen algunas ganancias:

- Para conseguir que se hagan las cosas.
- Para controlar a los demás.
- Para afirmar que tienen la razón.

3. El perdón y los sentimientos

- Para hacer que el otro se sienta culpable.
- Para encubrir sentimientos: es más cómodo sentir rabia que el miedo y la tristeza que se ocultan debajo.
- Para mantenerse como víctima. En algunas personas hay resistencia a perdonar al otro pues se deja el papel de víctima.

Sin embargo, estas ganancias son muy pocas a cambio de lo que significa dejar ir a la rabia y entablar relaciones sanas con los demás.

El dolor

El dolor no es alguien de quien debamos huir sino que es un maestro del cual tenemos mucho que aprender.

Es probable que en la infancia nuestros papás hayan tratado de evitarnos el dolor y el sufrimiento, pero fue inútil, ya que nadie puede evitar a otro el dolor de la vida y del crecimiento. Aunque nuestro deseo para con las personas es que no sufran, no podemos evitarlo. La vida humana tiene su grado de dificultad y dolor y es mejor enfrentar esto con realismo. Sea por ese intento de evitarnos el dolor o por otras razones, no se nos enseñó a convivir con él. Y es probable que lo padecimos en mucha soledad y que, para sobrevivir, lo tratamos de neutralizar con las ideas y la cabeza.

Ahora, ya como adultos, ayuda mucho hacer nuestro el dolor experimentado en la infancia. Sólo así se convierte en una riqueza, pues de otra manera será una carga del pasado que nos impide vivir felices. Dado que no es agradable ni fácil recuperar el dolor, necesitamos un espacio y una persona segura, donde nos sintamos protegidos, cubiertos, sin ser juzgados. Sólo así podemos elaborar de manera curativa nuestros dolores de la infancia. Uno de esos espacios puede ser una terapia psicológica o un buen acompañamiento espiritual.

Joan Borysenko narra la historia de una niña de 5 años que se queda huérfana de madre por un accidente y su papá, también con su propio dolor, no supo cómo acompañarla. El papá se refugió en el trabajo. La única manera de que el papá regresara a casa más temprano era cuando a la niña le daban ataques de asma. Así la niña aprendió que para tener compañía tenía que tener un ataque de asma. Creció la niña sin elaborar su dolor y, de grande, se convirtió en una mujer de éxito. Pero, por una sensación de vacío y por un dolor que no entendía, entró a una terapia. Y Borysenko saca estas conclusiones:

> Quien necesita desahogarse no suele ser la persona adulta (que llega a la terapia) sino su niña interior. Es la niña de 5 años que fue abandonada emocionalmente la que necesita expresar su tristeza o su rabia y ser aceptada y valorada. Para hacer esto hemos de aceptar la paradoja de ser a la vez el adulto y la niña dolida y enfadada.

3. El perdón y los sentimientos

> Ninguna cantidad de palabras al intelecto de 33 años hará que la mujer se sienta mejor en ese momento. Ninguna terapia es completa hasta que aprendamos a consolarnos a nosotros mismos y a revincularnos con la niña atemorizada que está todavía viva en nosotros como adultos (págs. 87 y 95).

No se trata de aminorar el dolor con ideas o con razones, sino de poder atravesar ese río de dolor muy bien acompañados dejando salir aquello que nos lastimó y no pudo salir en aquel entonces.

Muchos de nosotros en la infancia, al no saber cómo manejar el insoportable dolor, nos refugiamos en la razón para mitigar eso y encontrarle algún sentido. Pero no es basándose en razonamientos como nos curamos, sino acompañándonos a nosotros mismos y dejándonos acompañar.

Eva Pierrakos en su libro *El camino de la autotransformación* describe el gran valor de este proceso:

> Tras la puerta de sentir tu debilidad reside tu fuerza.
>
> Tras la puerta de sentir tu dolor residen tu alegría y tu placer.
>
> Tras la puerta de sentir tu miedo reside tu seguridad.
>
> Tras la puerta de sentir tu soledad reside tu capacidad de gozar de plenitud, amor y compañía.

Tras la puerta de sentir tu desesperanza reside la esperanza verdadera y justificada.

Tras la puerta de aceptar las carencias de tu infancia reside tu satisfacción del presente.

Hay personas que, por ser más agradable, intentan ahogar el dolor con el alcohol, alguna droga o haciendo compras. Pero no se librarán de él pues se convierten en víctimas de una adicción y no en personas sanas.

Cuando no se viven a fondo el coraje y la rabia, posteriormente surge el resentimiento, que es sentir nueva e intensamente el dolor pasado.

Se trata de sacar la energía que genera el dolor y el coraje.

En nuestro cuerpo están guardadas las emociones antiguas (dolor, coraje, rabia, etc.) a las que no se les dio permiso para salir. Están enterradas y son como la energía calorífica de un volcán. Necesitamos buscarles una salida constructiva y no explosiva. Algunas técnicas para sacar la rabia y el dolor de manera constructiva son:

1. En la línea de trabajo corporal: El masaje, los ejercicios de la terapia bioenergética y la técnica del *focusing*.

2. Otras técnicas:
   - la oración y la meditación
   - la visualización guiada
   - escribir un diario

3. El perdón y los sentimientos

- anotar los sueños
- la pintura
- el canto
- la danza
- escribir una carta furibunda y romperla inmediatamente
- golpear un colchón
- gritar en el coche con los vidrios cerrados, etc.

Preguntas:

1. ¿Qué hacías de pequeño para ganarte el amor de tus padres y los demás adultos que te criaron?
2. En tu familia ¿cuáles sentimientos se permitían expresar? ¿Cuáles no se podían expresar?
3. ¿Eres de las personas que evitan el dolor a cualquier precio?
4. ¿Cómo expresas tu coraje y tu rabia?

Capítulo 4

El perdón a los papás

¿Por qué perdonar a los papás si son lo mejor del mundo? ¿Por qué perdonar a los papás si les dieron la vida a los hijos y cuidan de ellos con amor? ¿No será una ingratitud? La respuesta más sencilla es: porque son de barro y también causan heridas.

La paternidad/maternidad es una tarea muy hermosa, pero delicada y difícil. No hay en el mundo padres perfectos, sólo hay padres humanos (no divinos) con sus propias carencias y capacidades, con la capacidad de amar y de dañar. Iguales a nosotros.

Lo que sucede es que la paternidad/maternidad está, por un lado, muy idealizada y por otro, sacralizada. En la mayoría de las familias la imagen de los papás es una imagen no real sino ideal: sólo se habla de lo bueno, lo que sí dan, lo que ayudan, lo que se esfuerzan, etcétera. Y por el otro son vistos como pequeños dioses que nos han dado la vida y no pueden ser tocados ni criticados por nadie.

Un amigo mío decía, en tono de broma pero con mucha verdad, que amar a los papás es algo tan difícil que lo tuvieron que poner como obligación en el cuarto mandamiento de la ley de Dios.

Desde que fuimos concebidos la relación que tenemos con nuestros papás nos marca en la vida. Ellos ponen su huella en nuestra historia y, lo queramos o no, influyen en nuestra manera de actuar, pensar y sentir. Es increíble constatar que personas de 40 años o más se descubren haciendo exactamente lo que hacía su mamá, y hacen las cosas que no les gustaba de ella. No quiere decir que no podamos hacer nada por nosotros mismos sino que, si queremos ser más libres, si queremos ser nosotros mismos, tenemos que hacer conciencia de la influencia que traemos de ellos.

También es una realidad que en todas las clases sociales hay papás que abusan de sus hijos, los humillan, los desvaloran, los golpean, los maltratan y lastiman.

Explicaré el proceso de maduración y perdón a los papás con algunas de las ideas del libro *Perdonar* de Robin Casarjian.

La relación con los padres es la relación más importante. Con el nacimiento (parto) se inicia la autonomía física. Sin embargo, sigue la dependencia, la fusión. De ellos aprendemos nuestras primeras lecciones sobre el amor y el temor, la seguridad e inseguridad, el respeto por nosotros mismos, la vergüenza y la baja autoestima, la necesidad de sentirnos seguros en nuestra fragilidad.

Después es necesario hacernos autónomos afectiva y psicológicamente. Si no hemos sanado esa relación tenemos que pasar por otro proceso de

4. EL PERDÓN A LOS PAPÁS

parto. En lugar de cortar el cordón umbilical, hemos de cortar el psicológico, hecho de un pasado de necesidades insatisfechas y expectativas no cumplidas. Si este cordón continúa intacto hará que una parte nuestra siga siendo un niño pequeño.

Cortarlo supone que ya no dependamos de ellos, que no esperemos de ellos sustento, amor ni apoyo, si no nos lo pueden proporcionar en esos momentos. El perdón nos sirve de misericordioso bisturí con el cual cortamos ese cordón y quedamos libres.

Se trata de vivir un proceso de purificación de la imagen de los papás. Al principio son nuestros "dioses", figuras sagradas a las cuales les debemos todo, pues la dependencia es total. Los sentimientos nos empiezan a aportar datos significativos en esa relación: me siento querido o abandonado, acariciado y/o herido. Las ideas tratan de defender la autoridad y sacralidad paternas. Por eso la confusión interior: unos papás que en teoría son buenísimos y, a la vez, una sensación de soledad profunda.

Normalmente, en el proceso de maduración se da una rebelión contra ese endiosamiento paterno y se cuestiona a fondo a los papás. Viene el dolor del distanciamiento y la batalla continua: chantajes, agresiones, ofensas... Esto pone al hijo ante el deseo de hundir a los padres. Si antes eran dioses ahora son demonios. El proceso avanza hasta el verlos humanos con cualidades y defectos, con errores y aciertos, con capacidad de amar y de odiar. Una relación más horizontal que vertical.

Hay que cambiar la imagen idealizada de cómo deberían ser los papás. Quitar la expectativa que nos lleva a exigirles lo que no pueden dar. Se puede desear que sean diferentes, pero para perdonar es necesario dejar de aferrarse al hecho de que los papás deban ser de una manera determinada.

El trabajo de cuidarnos y nutrirnos ha de pasar de nuestros papás a nosotros mismos. De ti depende continuar con tu vida eligiendo las cosas que te nutran y apoyen.

Muchas personas temen perdonar a sus padres porque creen que al hacerlo volverán a ser vulnerables, a estar expuestas a malos tratos y heridas. Pero se pude perdonar y poner límites.

Para perdonar a tus padres primero tendrás que aceptar que tienes heridas causadas por ellos. No será fácil pues por la sacralización de la imagen es difícil sentarlos en el banquillo de los acusados. Se dará una lucha interna: el riesgo es sentirse culpable, pecador, ingrato, mal agradecido, etc. Te vendrán todos esos pensamientos que justifiquen lo que ellos hicieron. Independientemente de su voluntad de no lastimarte tú tienes que declarar "culpables" a tus papás de las heridas que sientas en ti. Nuestros padres normalmente no nos lastimaron voluntariamente pero su educación deficiente, las heridas de su infancia en el trato con sus padres, y otras causas hicieron que no nos atendieran suficiente ni adecuadamente. Tal vez hubo abandonos, descuidos, humillaciones, violencias, etc., que aplicados a un niño provocaron lastimaduras y heridas.

4. El perdón a los papás

Segundo, permítete sentir el coraje y la rabia para que salgas purificado. Como dije antes, mientras no se experimenten el dolor y la rabia, ellos permanecerán ocultos y seguirán siendo una amenaza. A veces son etapas largas, a veces cortas, pero sí se necesita paciencia. Hay que darse el permiso de sentir que no se quiere al papá o a la mamá. Esto se puede hacer lejos de ellos, trabajando individualmente o con la ayuda de alguien que te sepa acompañar. No se trata de cobrar venganza o desquitarse, de agredirlos y ofenderlos, sino de facilitar el perdón que tiene que atravesar por esta etapa.

Tercero, abrir tu corazón al perdón y vivir la reconciliación con ellos. Se trata de reconocer que todos los seres humanos somos limitados y perjudicamos involuntariamente a los demás. Nuestros padres, igual que nosotros, tienen una historia difícil y solamente el perdón auténtico es lo que nos hace curarnos a ambos.

Preguntas:

1. Si haces silencio y cierras los ojos, ¿qué sentimiento surge cuando piensas en papá? ¿En mamá?
2. ¿Qué crees que te faltó en tu infancia que tus padres no te dieron?
3. ¿Tienes alguna herida que constantemente sientes?
4. ¿En qué tienes que perdonar a tu papá? ¿A tu mamá?

Capítulo 5

El perdón a la pareja

Como la pareja no está tan sacralizada, es más fácil entender que el perdón es muy necesario entre los esposos.

Ninguna relación adulta promete más fricciones ni ofrece tantas situaciones difíciles como la relación íntima del matrimonio, pues nos enfrentamos cada día con las necesidades, los deseos y las expectativas de la otra persona. Y como el otro no siempre cumple con lo que yo espero, necesito y deseo de él, entonces vienen la frustración y la decepción. Y con esos sentimientos juzgo y condeno a mi pareja porque no me da lo que yo necesito y él tiene. Es como si el otro tuviera la llave de mi cielo y no me la quisiera dar.

Por eso, en un matrimonio donde no hay perdón habrá muchísimo dolor emocional, porque sin el perdón cada uno tiende a refugiarse en sí mismo y ambos conviven mutuamente alejados. Nada inspira más amor y comprensión que la actitud y la disposición sincera para perdonar y el reconocer que nos equivocamos.

Además de los modelos de matrimonio con que crecimos muchos de nosotros, la imagen que tenemos del amor es sumamente pobre: está atascada en el amor de los adolescentes, que es un amor romántico, idealizado. En este amor todavía inmaduro, la otra persona se debe ajustar al ideal que yo tengo; por ejemplo, si soy varón, ella tendrá que ser muy cariñosa, tierna, sensual, con un cuerpo con medidas 90-60-90, etcétera. Ella no cuenta en sí como persona sino que tiene que llenar el ideal de mujer que yo tengo. Por eso el amor debe madurar.

El perdón nos capacita para relacionarnos con una persona real, no con un ideal romántico. El perdón es el material de que están hechas las grandes relaciones.

El amor adulto, maduro es aquel que acepta a la otra persona como es, con sus cualidades y defectos, con sus aspectos oscuros y luminosos. Es una aceptación incondicional de la persona. Ya no se trata de que la persona se ajuste al ideal que yo tengo, sino de la aceptación global de la otra persona.

Johnson en su libro *Nosotros: comprensión de la sicología del amor romántico,* citado por Casarjian, dice:

> Los occidentales somos la única sociedad que hace del romance la base del matrimonio. Existe la fantasía de que el otro sea perfecto. Cuando viene la desilusión generalmente acusamos a la otra persona de habernos fallado. No pensamos que podemos ser nosotros los que necesitamos cambiar nuestras actitudes inconscientes, es decir nuestras ex-

5. El perdón a la pareja

pectativas y exigencias que imponemos en nuestras relaciones a las demás personas.

Nuestra familia de origen nos modela de tal forma que, de adultos, tendemos a repetir en nuestras relaciones íntimas los temas de la primera infancia. Por eso primero hay que resolver los problemas con nuestros padres y hermanos. Nuestros padres tratan de que seamos como ellos quieren y no nos dejan ser nosotros mismos. Por eso, todos tenemos que vivir el proceso de independizarnos de nuestros padres y lograr ser como realmente somos. La pareja debe colaborar con esta maduración que se inicia en la infancia pero que no siempre está completa. El que yo sea como soy será una riqueza para mi pareja, y el que ésta sea como realmente es, será una ganancia para mí.

Pero en la práctica la relación de pareja se convierte en una lucha para que el otro sea como yo quiero que sea, según mi cosmovisión, mis valores, etc. Es una lucha de poderes para dominar al otro. Si alguno gana porque tiene más poder, pierden los dos, pues al no ser como yo soy perderé mi esencia y mi riqueza y seré como un fantasma, como un zombi.

Otro aspecto que no siempre se toma en cuenta es que en todo matrimonio hay además de los dos adultos, dos niños interiores. Cada adulto tiene en su interior al niño que fue y que todavía está necesitando recibir lo que no recibió en la infancia. Por ejemplo, si de niño Pedro fue rechazado por su mamá y no recibió una dotación suficiente de caricias físicas, de adulto tendrá una gran necesidad de ser acariciado. Y es tarea de ambos amar al niño con carencias y heridas del otro para que así puedan sanar y crecer. Detrás del grito violento del adulto puede estar el grito escondido del niño asustado porque iba a ser abandonado.

Pero hay que tomar en cuenta que además de atender al niño interior del otro, la principal responsabilidad es atender al propio niño interior. Si se desea que la relación crezca, esta responsabilidad y esta autocuración son necesarias. El responsable principal de mí mismo, de mi vida, no es mi esposo/a, padres, hijos, hermanos, amigos, sino yo mismo. Los demás darán su colaboración, pero nunca me pueden suplir en esta responsabilidad mía. Aunque es muy común que un miembro de la pareja haga responsable de su vida y felicidad al otro, esto es una gran irresponsabilidad y es el mejor camino para culpar al otro y vivir en pleito. Cada quien es responsable de su vida, su felicidad, su crecimiento.

Finalmente, es provechoso darse cuenta de que cada persona lleva al matrimonio o la relación de pareja, la manera de amar y sus obstáculos que ha aprendido antes en su familia. Las formas de amar no son naturales, sino que se aprenden y se eligen. La manera como yo amo no es la verdadera, sino la que yo aprendí en mi familia y en mi ambiente. Y por eso puedo aprender a amar de una manera diferente y más enriquecida. Si me quedo solamente con lo que aprendí del amor en

5. El perdón a la pareja

la infancia, viviré un amor muy pequeño y reducido y no me sentiré pleno sino medio vacío.

Preguntas:

1. ¿Deseas que tu pareja sea como tú quieres que sea?
2. Las diferencias de tu pareja ¿te exasperan o las ves como oportunidad para crecer y conocerte?
3. ¿En qué cosas te has sentido lastimado por tu pareja?
4. ¿En qué has lastimado a tu pareja?

Capítulo 6

El perdón a Dios

Parece muy extraño hablar de perdonar a Dios si sabemos que él es amor y es perfecto. En la teoría esto es correcto. En la vida diaria no es raro encontrar personas que, inducidas por algunos sermones de sacerdotes y religiosas, creen que Dios se llevó a su ser querido, mandó un accidente como prueba o castigo, etcétera. Y son personas que mientras no perdonen a ese "dios" difícilmente le tendrán amor y más bien le guardarán rencor.

En mi experiencia sacerdotal he encontrado que las catequesis mal llevadas ponen a la persona en el camino para atribuirle a Dios no sólo lo bueno, sino también lo malo o lo que no podemos explicar con nuestra lógica. Por ejemplo, ante el misterio del mal que, como todo misterio no se puede explicar sino sólo hay aproximaciones, algunos sacerdotes se atreven a dar "explicaciones" piadosas para consolar a los que sufren. Por cierto, Jesucristo nunca explicó el mal ni dio sermones sobre él, sino que luchó contra él en donde lo encontraba: en la marginación de la mujer, de los pecadores, de los enfermos, en la opresión religiosa, en la manipulación que se hacía de Dios...

Cuando ocurre un accidente, una muerte de un bebé o de una mamá joven, se escuchan frases como éstas: "Está en los planes de Dios", "es su voluntad", "lo quería tener con Él", "te está probando tu fe como a Job", "ya estaba madura y Dios la quería tener a su lado"... Pero este esfuerzo insuficiente de "salvar a Dios" y explicarle a la gente lo inexplicable resulta contraproducente. Se acaba pensando mal de Dios como alguien egoísta ("quería tenerla junto a él"). Y así hay gente internamente furibunda contra "Dios", en parte por causa de esos "explicadores" bien intencionados. Pienso que más vale callar que hacerle mala publicidad a Dios con esas explicaciones.

Hay dos maneras de entrar en conflicto con la imagen de Dios. Cuando es todopoderoso y cuando es un Dios bonachón. Si se tiene una imagen del Dios que todo lo puede existe la dificultad de cómo reconciliarlo con las cosas horrorosas que ocurren en la vida. ¿Cómo perdonarle a Dios que permita cosas terribles especialmente a la gente buena? ¿A ese Dios todopoderoso que pudiendo evitar el mal no lo hace? ¿No será un Dios cínico aquel que pudiendo evitar la muerte por hambre de miles de niños en África no las evita?

Por otro lado, si creemos que Dios es una fuerza benévola que controlará las circunstancias externas, que nos evitará las pruebas terribles de la existencia humana y nos protegerá de la muerte, el dolor, la enfermedad, entonces es inevitable el conflicto con él. Cuando nuestra vida se torne difícil nos pelearemos con ese Dios que no nos protegió del cáncer, de los accidentes, del divorcio, etcétera.

6. El perdón a Dios

El enojarse con Dios quiere decir que nosotros lo hemos colocado en una posición en la que Él nunca ha pretendido estar: La de un súper hombre todopoderoso. Más bien, como dijo San Pablo, "Él siendo de condición divina se hizo hombre, siendo rico se hizo pobre..." (Flp 2, 5ss). Jesús se hizo frágil como nosotros, se confió a nuestras manos y murió impotente en la cruz sin el auxilio divino que lo salvara de ese tormento tan cruel.

En el fondo el coraje no es contra el verdadero Dios sino contra los ídolos, las falsas imágenes de él. Y como todos los ídolos debe caer y destruirse.

El coraje puede ayudar a derribar esas falsas imágenes de Dios y ser curativo. El dolor destruye esas ideas preconcebidas y equivocadas de Dios.

En el libro del Génesis 32, 23-31 se narra el episodio en que Jacob se pelea toda la noche contra Dios. El símbolo de toda la noche nos indica que el pleito con Dios no es algo breve sino puede durar años. Esto nos libera para poder vivir una relación con Dios más humana y menos idealizada. Se puede no entender a Dios y conflictuarse con él y no pasa nada.

Tuve la experiencia de que me disgusté mucho con una amiga y tenía miedo de manifestarle a ella mi enojo. Evitaba el encuentro y me hacía el ofendido. Al detenerme a conocer cuál era realmente mi miedo descubrí que era éste: Si le manifiesto mi enojo se va a molestar y se va a ir, me va a abandonar y como la quiero tanto no deseo perderla. Descubrir el miedo al abandono me iluminó mucho. Revisé qué tanto afecto nos teníamos y vi que era mucho. Me dije: Este capital afectivo sí puede aguantar el pleito que vivamos. Me decidí y, efectivamente, fue una experiencia difícil pero que terminó en un mayor amor entre ambos. Después del conflicto me conocí más a mí a ella, y los lazos de amistad se hicieron más fuertes. Aprendí que era muy importante no evadir el conflicto, manejarlo y así madurar juntos. Esa experiencia tan humana me posibilitó enfrentar un conflicto que yo tenía con Dios.

En la infancia me transmitieron a un Dios que vigilaba si cumplía los mandamientos y que me amenazaba con el infierno si faltaba a misa los domingos, por ejemplo. Y así, aunque luego me hablaban de un Jesús buen pastor, ese Dios amenazante ya estaba incrustado en mi imaginación infantil. Tuve que repetir la experiencia de Jacob y pelearme con ese Dios que era una marioneta fea en manos de los adultos para obligarme a ser bueno. La pude destruir y después de ese conflicto mi relación con Dios ha sido de libertad y de adultos. Por supuesto sentí el pavor de estar enfrentando a la máxima autoridad mundial con todo su poder y descubrí que el Dios verdadero es el Padre del Hijo pródigo (Lc 15, 13 ss), que es un Padre lleno de amor y misericordia, muy diferente a la marioneta infantil.

San Pedro Crisólogo, en uno de sus sermones (*Sermón 147: PL 52, 594-595*), habla precioso de esta posibilidad de pelearnos con él:

6. El perdón a Dios

Al ver al mundo oprimido por el temor, Dios procura continuamente llamarlo con amor; lo invita con su gracia, lo atrae con su caridad, lo abraza con su afecto...

Por eso consuela en sueños a Jacob durante su huida, y a su regreso lo incita a luchar, a trabarse con Él en singular combate; para que terminara amando, no temiendo, al autor de ese combate.

Igual que con los papás, primero es necesario aceptar las heridas que tengo por las imágenes de Dios; luego, permitir salir el coraje para sanar y, finalmente, reconciliarnos con el Dios verdadero que nos ama profunda e incondicionalmente.

Otras ayudas en este proceso de perdonar a Dios:

- Como acabo de decir, es importante permitirse los sentimientos que surjan ante la imagen de Dios que tengamos.
- Superar, por un lado, una imagen de un Dios demasiado grande (un gran Papá) y, por otro, una imagen de un hombre demasiado pequeño pues nos infantiliza, nos hace dejar nuestra responsabilidad a otros y a Otro.
- Perdonamos a Dios cuando abandonamos las ideas rígidas sobre lo que debería ser la vida y entablamos con él una relación de co-creadores. Con esta actitud no le echaré siempre

la culpa a Dios y me preguntaré: ¿De qué forma destruyo el amor y la paz en mi vida?
- El vivir la confianza de una relación basada en el amor, como Dios lo hace con nosotros.
- Perdonar a Dios es, en el fondo, perdonarme a mí y aceptar que no puedo cambiar muchas cosas (mi impotencia). Aceptar que la naturaleza de la realidad es tal, que nuestra seguridad exterior va a flaquear con frecuencia. Muchas veces no hay respuestas absolutas para nuestros dilemas concretos, pero sí hay un amor absoluto: Dios. Si nos abrimos al amor (no al temor) se nos iluminará la vida y tendremos fuerza para enfrentar los problemas.
- El amor es nuestra esencia y, cuando vivimos en plenitud, perdonamos.

Preguntas:

1. ¿Cuáles fueron las imágenes de Dios que me transmitieron en mi infancia?
2. Al guardar silencio y cerrar los ojos ¿qué siento al oír la palabra Dios?
3. ¿Qué cosas me gustaría reclamarle a Dios?
4. ¿Qué me impide enfrentarme a Dios?
5. ¿Qué cosas necesito perdonarle a Dios para vivir en paz?

Capítulo 7

Culpa psicológica y culpa religiosa

Cuando algo malo sucede, un accidente por ejemplo, se desencadenan en nuestro interior instintos básicos de supervivencia y deseos de prevenir y de que no vuelva a pasar. Hay un sentimiento de estar indefensos, desprotegidos. Y tratamos de descubrir el porqué de las cosas para tener control y evitar que se vuelvan a repetir. Por eso preguntamos tanto: ¿por qué? Queremos saber y conocer para controlar.

A fin de no sentirnos indefensos preferimos invocar la culpa-castigo como explicación de las cosas malas. "Algo hice y Dios me está castigando." Queremos una respuesta negro-blanca de por qué sucedieron las cosas.

El caer en la cuenta de lo que pensamos sobre los acontecimientos malos de la vida (muertes, enfermedades, desastres, accidentes) nos da una información valiosa de dónde estamos ubicados entre el sentimiento de indefensión y el sentimiento de control.

Hay personas que constantemente se están culpando de lo que pasa. Son pesimistas y explican los problemas de la vida con una triple respuesta: Por algo interno, por algo más global y por algo estable. Por ejemplo, un estudiante que reprueba matemáticas da la explicación interna: Soy tonto y flojo. Luego la global: También reprobaré inglés y física. Luego la estable: Nunca seré bueno para aprender.

El punto central del pesimismo espiritual es "Esta cosa mala me sucedió porque Dios me está castigando por mis pecados". El pesimismo espiritual es un signo muy claro del miedo. Está estrechamente ligado a la baja autoestima. Si no hemos hecho el trabajo psicológico de curar al niño interior asustado, es probable que permanezcamos emocionalmente convencidos de que merecemos la ira de Dios.

Así como proyectamos nuestras sombras psicológicas en otras personas, viendo en ellas lo que es demasiado desagradable de ver en nosotros, también proyectamos nuestras sombras espirituales en Dios, creyendo que nos castigará.

El desafío de nuestro tiempo es desarraigar las concepciones erróneas personales y culturales que nos mantienen atados al pesimismo. Una manera de comenzar es recordar las tradiciones religiosas que hablan de optimismo espiritual.

Matthew Fox en su libro *The original blessing* (La bendición original) opone la teología original, que ve la vida como una bendición, a la más reciente teología agustiniana de la redención/caída (el pecado original). Hace la crónica de la espiritualidad afirmadora de la vida centrada en la crea-

7. Culpa psicológica y culpa religiosa

ción, que ha sido parte de la tradición religiosa occidental desde el siglo IX antes de Cristo, cuando se escribieron los Salmos, y que fue parte de la tradición oriental muchos siglos antes.

Aunque Matthew Fox se aproximó a la curación del ser humano desde la teología, unas conclusiones semejantes están en la psicología. Skinner descubrió que el castigo es una manera efectiva de cambiar la conducta pero no en la dirección constructiva. Si tú castigas a un niño por no hacer la tarea, rara vez creas el deseo de aprender. En cambio alientas el odio, la ira, la desconfianza, la mentira y la rebelión; en pocas palabras, el miedo. El niño hará la tarea, pero basado en el miedo; no la hará como algo libre y querido por él mismo. En cuanto pueda se zafará de las tareas.

El miedo y el castigo conducen a sentirse indefenso, a la ansiedad, depresión, baja autoestima, pérdida de la voluntad, mala salud y al desarrollo de un falso concepto de sí mismo. Conducen al síndrome de culpa enfermiza que se desarrolla en las *familias disfuncionales*, en las que los papás tienen baja autoestima.

Por el contrario, la recompensa y la alabanza son maneras muy efectivas de cambiar el comportamiento en una dirección constructiva. El aliento, el reconocimiento y el amor conducen al crecimiento.

A riesgo de sonar sacrílegos ¿por qué pensaríamos que Dios fue menos inteligente que Skinner cuando creó el plan para nuestra relación con lo divino? ¿Por qué Dios usaría el miedo para enseñar el amor, prometiendo castigo y condenación por los errores (valiosos) que cometemos?

Este tema se puede profundizar en el libro de Joan Borysenko citado en la bibliografía (pág. 55).

Preguntas:

1. ¿Qué pienso cuando ocurre algún accidente o enfermedad a un familiar cercano?
2. ¿A quién culpo del mal en el mundo?
3. Ante la situación mundial ¿me siento pesimista? ¿Esperanzado?

Capítulo 8

El perdón a uno mismo

Hasta ahora he mencionado muchos elementos para realizar el perdón hacia los demás. Por mi experiencia personal y la experiencia de muchas otras personas veo que muchas veces podemos perdonar a los demás pero difícilmente nos perdonamos a nosotros. Con frecuencia somos más rudos con nosotros que con los demás. Muchas personas tenemos introyectado un juez muy severo y un verdugo dispuesto a castigarnos por nuestros errores. La culpa es un sentimiento recurrente. Por eso creo importante explorar las posibilidades del perdón a uno mismo.

El perdonar a uno mismo es:

1. Algo que no nos enseñaron y hay que aprender. Si no nos perdonamos nuestros errores y pecados es la señal clara de que el perdón a uno mismo no es una materia que hayamos cursado y que tenemos que llevar. La lección más común que aprendimos fue a reprobarnos y a ver lo negativo de nosotros. Es probable que los que más influyeron en nuestro desarrollo emocional tal vez no conocían el perdón. Debido a sus miedos, la ignorancia y la distancia emocional nos transmitieron

mensajes falsos sobre *quiénes somos, de qué somos capaces y qué merecemos*. Quiero citar nuevamente a Casarjian:

> Los cuidadores (los padres) están tan alterados, dolidos y necesitados emocionalmente que no les queda cariño, amor ni seguridad para ofrecer, y entonces hay muy poco espacio para las necesidades emocionales del niño, que siente que jamás será capaz de satisfacer los deseos y expectativas del adulto y saca inconscientemente esta conclusión: Soy un ser humano defectuoso. (Pág. 187.)

Parte de los mensajes falsos sobre nosotros mismos es el que resulta de soldar la conducta a la persona. Si el niño hace una travesura (conducta) se le dice travieso (persona). Por eso oímos a los adultos hablar de niños malos, sucios, perversos, idiotas, etc.

El perdón a uno mismo significa en este contexto, aceptar estas dos verdades: Primera: Eras y eres una persona digna de amor. Tal vez algunos de tus actos no hayan sido o no sean dignos de amor, pero tu sí lo eres. Segunda: Eras y eres inocente. Tal vez eres culpable de ciertos actos. Sin embargo, en tu interior, en tu esencia, eres fundamentalmente inocente, una buena persona.

2. Tener comprensión hacia uno porque no siempre la recibimos. Los adultos tenemos modelos ideales de cómo deben ser los hijos, los niños, y cuando éstos "no dan el ancho" nos volvemos

8. El perdón a uno mismo

agresivos con ellos. Los rechazamos y hasta los humillamos. En toda vida humana es indispensable la comprensión y por eso Dios nos lo recuerda constantemente.

3. Aceptar con realismo las partes oscuras de nuestra personalidad. No sólo aceptar las partes luminosas (éxito, la buena conducta, las virtudes, etc.) sino también las oscuras (la capacidad de dañar, de odiar, de egoísmo, los errores, los fracasos, etc.). Borysenko (pág. 244) dice: "El perdón a uno mismo es un ver más allá de nuestras propias acciones a la persona que está actuando. Es la aceptación de nuestra sombra de modo que podamos ser íntegros. El perdón requiere conciencia: El compromiso con el auto conocimiento". Puedo decir que el perdón a uno mismo es llevar luz y misericordia a todos los rincones oscuros de nuestra psique.

4. Una muerte a los sentimientos de vergüenza, culpa, a la autocrítica destructiva, a vernos indignos y a vivir el papel de víctimas.

5. Un nacimiento a la libertad de prejuicios sobre uno, a la reconciliación con uno mismo, a ser amigo de ti mismo.

6. Aceptar el perdón de Dios y de los demás. Perdonarse a sí mismo sin auto justificarse (soy muy bueno o esto lo hice por estas razones), y acusarse a sí pero sin condenarse, sólo se puede hacer

gracias a la acogida incondicional de una instancia absoluta, de Dios.

Cuatro verdades para conocernos y perdonarnos

Como una ayuda para aceptarnos y perdonarnos incluyo algunas ideas del libro *Aprender del Oriente: lo lento, lo callado y lo cotidiano*, de Juan Masiá, s.j., que ha vivido más de 30 años en Japón y conoce mucho la cultura del Oriente.

Está hablando del proceso de enfrentarse con el sufrimiento en todas sus realidades. Para ello hay cuatro verdades o etapas que la persona atraviesa.

1. El Yo engañado

Es cuando pasamos por la vida sin caer en la cuenta del hecho inevitable del dolor y el sufrimiento. Creo, equivocadamente, que el dolor o el sufrimiento es evitable. También equivocadamente, no veo el mal que está en mí y me auto justifico.

Mirar cara a cara el lado más oscuro de la vida no es pesimismo ni morbosidad, es lucidez y desengaño.

2. El Yo despierto

En segundo lugar, reconozco ya el mal y el sufrimiento en el mundo y acepto que ni Dios lo quita.

8. El perdón a uno mismo

También acepto que todo el mal y el sufrimiento del mundo conecta de algún modo, por las raíces, con causas del mal que yo llevo dentro de mí mismo. Si oigo una noticia de un asesinato y tiendo a pensar que yo nunca sería capaz de cometer algo tan horroroso, es que no me he percatado aún de que yo también soy capaz de lo peor. Me estaba engañando a mí mismo al creerme mejor de lo que soy. Me engaño siempre que me auto justifico.

El abrirme a esta segunda verdad me hace pasar del "yo engañado" al "yo lúcido". Ahora sí me creo capaz de lo peor y me doy cuenta de eso. Pero si me quedo aquí, todavía no llego a la verdad de lo que soy.

3. El no Yo: Salir del encerramiento de uno mismo

En tercer lugar doy un paso al optimismo al darme cuenta de que si dentro de mí tengo las raíces del mal, también dentro de mí está la posibilidad de superarlo. No sólo soy peor de lo que me creo cuando me auto justifico. También soy mejor de lo que me creo cuando me auto condeno.

4. Ésta es la cuarta verdad:

Pero esto no ocurre de la noche a la mañana, es un camino largo que me invita a proseguir este camino de lucidez y compasión para conmigo y con los demás.

Aprendiendo de este modo la verdad sobre uno mismo, se aprende a perdonarse a sí mismo, saliendo de sí.

Una metáfora

Me creo que soy estanque de agua cristalina y por eso me engaño: No soy así, soy peor de lo que me creo en esos momentos de auto justificación. Miro dentro de mí y constato que no soy estanque puro sino charca cenagosa. Aún no he llegado a la verdad completa de mí mismo. Tampoco soy tan malo como cuando me auto condeno exageradamente, sin aceptarme. Si me quedo solamente en verme como charco de agua sucia, nunca descubriré que hasta ese charco puede reflejar la luna.

Y si no lo descubro en mí, mucho menos en los demás. Tampoco seré capaz de perdonar a otros, porque no me perdono a mí mismo. No seré capaz de compasión, porque ni siquiera me compadezco de mí mismo.

Preguntas:

1. Recuerda tu infancia. ¿Te suena alguno de estos mensajes?
   "No me importa lo que sientes ni lo que piensas".
   "Quítate de ahí, que estorbas".
   "No me molestes".
   "Es que no sabes hacer nada bien".
   "Haz lo que te digo".
2. ¿Qué tenías que hacer o cómo tenías que ser para que te amaran y aceptaran?

Capítulo 9

Ayudas desde la fe para perdonar

De la Biblia

A lo largo de los años la Biblia ha sido usada tanto para bien como para mal. Lo mismo ha pasado con otros libros sagrados de otras religiones, como el Corán. Siendo cosas buenas dependen del uso que los hombres hagamos de ellas.

Recientemente nos hemos enterado de musulmanes que se suicidan y matan a mucha gente creyendo que eso les pide Alá a través del Corán.

Muchos miembros de sectas utilizan la Biblia para atacar y demostrar la ignorancia de los católicos. Muchos católicos usan la Biblia para justificar sus conductas.

Se puede leer la Biblia con baja autoestima, y con esos lentes veré especialmente los textos de aquel que tuvo miedo a su señor y enterró los talentos que recibió, de las amenazas, etc. La inseguridad de la baja autoestima hará que interprete mal el sentido de los textos.

Por eso es muy importante la honestidad del que la utiliza y el para qué se lee la Biblia.

En cualquier caso, el criterio básico es la vida y la acción de Jesús, ya que él es la máxima revelación de Dios para nosotros. Si Jesús fue misericordioso con los pecadores, no podemos decir que Dios es implacable con los pecadores porque hay contradicción.

Yo, como tantas personas del evangelio que se encontraron con Jesús, como la adúltera, Zaqueo, el hijo pródigo y muchos más, puedo decir: Dios me acepta como soy, no me condena. Y es esta aceptación incondicional e inmerecida la que nos hace amar nuevamente.

Aunque el tema del perdón en la Biblia abarcaría muchas páginas, quiero mencionar algunas características que pueden ayudar en el perdón a uno mismo y a los demás:

- Uno de los títulos más hermosos de Dios en la Biblia es "El Dios de los perdones", que aparece en Nehemías 9, 17.
- El pueblo de Israel repetidamente le falló a Dios y repetidamente experimentó que Dios lo perdonaba y que es fiel (Éx 34, 6-7).
- Por muchas que sean las infidelidades Dios perdona (Dan 9, 4-19; Sab 11, 23-26) porque no quiere que el pecador muera sino que se convierta y viva (Ez 18, 21-23).
- El Nuevo Testamento nos presenta a Jesús perdonando sin limitaciones (Lc 5, 20-24; 7, 47-50; 23, 34). Mandando a sus discípulos que perdonen con total generosidad (Mt 6, 14) y concediendo a la Iglesia el poder de perdonar (Mt 18, 18; Jn 20, 23).

9. AYUDAS DESDE LA FE PARA PERDONAR

- Dios no hace valer sus propios derechos, no nos pide algo para él. Cuando exige algunos derechos son los de los indefensos, el extranjero, la viuda y el huérfano. Es decir los pobres y necesitados a quienes ama especialmente.
- Necesitamos la experiencia de la misericordia y del perdón para poder perdonar (Lc 7, 42). En este pasaje el amor de la pecadora surge como respuesta a un perdón inmerecido y no de un perfeccionismo que lucha por merecer el perdón. La otra interpretación de este texto (ama mucho para que seas perdonada) es fruto de la cultura occidental actual, que se basa en el principio de que "nada es gratis, gánatelo, merécelo, trabaja primero", o del sentimiento de vergüenza o de valer poco.

El perdón desde Jesús

1. Cuando Jesús invita a las personas a practicar el perdón de manera generosa (setenta veces siete: Mt 18, 21-22) propone otra dinámica hacia la vida:
- Para liberarnos de la venganza y de vivir como víctimas eternas.
- Para liberarnos del pasado y sanar nuestras heridas.
- Para crecer en misericordia como el Padre celestial (Lc 6, 35-36.)
- Para crecer en nuestra capacidad de amar (amor a los enemigos: Mt 5, 43-48).

- Para vivir otro tipo de relaciones interpersonales basadas más en el perdón que en la condenación, más en la aceptación de las limitaciones humanas que en la reprobación.
- Para ser y vivir con dignidad. En nosotros existen dos tipos de deseos: Los superficiales y los auténticos.

2. La propuesta de que sea un perdón generoso va contra la tradición del ojo por ojo... La generosidad del Reino es la de aquella mujer que derrama el frasco entero de un perfume muy caro sobre los pies de Jesús (Jn 12, 1-5), y tanta generosidad causa escándalo.

3. Jesús, al invitar al perdón, afirma que lo que importa es la persona y no el pecado o su reparación. Los fariseos se contentan con la reparación de la falta. En la parábola del hijo pródigo, el Padre no se fija en los pecados sino en recuperar al hijo. El hijo mayor, que "no había pecado", resultó mal parado por su actitud de dureza con su hermano pecador (Lc 15, 11-32).

4. Jesús, a diferencia de los fariseos, que se creían buenos, se juntaba con publicanos y pecadores, con prostitutas y borrachos. Aquéllos afirmaban que éstos merecían el castigo por sus pecados. En cambio, Jesús dijo: "No he venido a salvar a los justos sino a los pecadores" (Lc 5, 32).

5. Jesús nos revela en el Padrenuestro que somos a la vez ofensores y ofendidos (Mt 6, 12).

9. Ayudas desde la fe para perdonar

6. Es básica la experiencia de haber sido perdonado inmerecidamente para perdonar generosamente (Rom 5, 8-11; Mt 18, 23-35: el que no quiso perdonar a su hermano).

Preguntas:

1. ¿Utilizo la Biblia con frecuencia o me es desconocida?
2. Cuando la he leído ¿me ha ayudado o me ha metido en problemas?
3. ¿Tengo una relación de confianza en Dios o más bien de distancia y cierta desconfianza?
4. ¿En qué me ayudó leer este capítulo?

Conclusión

Elementos que facilitan el perdón

Perdonar no siempre es fácil ni se hace rápidamente. Sin embargo, quiero proponer ahora una serie de elementos que pueden facilitar este proceso.

En primer lugar, aceptar profundamente que perdonar es algo difícil, de tal manera que cuando sintamos la dificultad no estemos sorprendidos por ella. Hay hondas heridas que lastiman mucho y es necesario trabajo, tiempo y paciencia. Esto también nos habla de que perdonar es un proceso, en donde no hay varitas mágicas y se tienen que vivir varias etapas.

En segundo lugar ayuda mucho entender que el principal beneficiado en perdonar eres tú. El que tiene la herida eres tú y el perdonar a otro requiere que la cures y la cierres. La persona que te dañó no tiene tu herida (quizá él tenga otra diferente) y si perdonas te curas a ti mismo. No le haces el favor a alguien más sino a ti.

En relación con lo anterior, para ejercitar el perdón ayuda mucho el decidir no vivir en el resentimiento, no seguir desarrollando la función de víctima. Es verdad que desempeñar el papel de la víctima tiene ciertas recompensas sensibles y, sin embargo, el costo es grande porque se vive atado a esas actitudes de sufrimiento, de haber sido ofendidos y lastimados. Es ponerse una cadena al pasado y limpiarla y arrastrarla todos los días. También el hacerse la víctima permite controlar a otras personas débiles mediante la culpa y quizá por eso tal actitud es tan frecuente. Si te echo en cara constantemente que me lastimaste hace tiempo, espero lograr que te sientas culpable y así pedirte que hagas las cosas que yo quiero. Vivir así es vivir relaciones de control en el patrón de dominador/dominado, amo/esclavo, poderoso/oprimido. Este estilo de relaciones, aunque son muy frecuentes, deshumanizan a ambos, pues no son relaciones libres, de amor.

Otro elemento importantísimo es quererte a ti mismo para que seas una persona libre, fraternal, amorosa, integral, afectiva, servicial. La autoestima es básica para poder ser personas y creyentes. Este amor a ti mismo (no-egoísmo) se manifiesta en:

- No perdonar a los demás para ser bueno o por miedo a la condenación, sino para desarrollar tu capacidad de perdón, y que estés en paz contigo.
- La aceptación de que si fallaste y lastimaste a alguien con tus actitudes y conductas entonces eres humano. Inconscientemente muchas personas tenemos metido en la cabeza que tenemos que ser como "Dios": perfectos, infalibles, siempre misericordiosos, con un amor ilimitado, los redentores del mundo, los

Conclusión. Efectos que facilitan el perdón

que resuelven los problemas de todos... Nos cuesta mucho aceptar que hemos sido creados, y que tenemos limitaciones, debilidades y pecados.

- Pedirles a los demás que no te traten con lástima ("pobrecito") por la herida que tienes. Eso te lleva a verte a ti mismo con menos estatura y a desanimarte.

Otro medio para perdonar es confiar en tus recursos y en tu capacidad de buscar ayuda si la necesitas; de que puedes llegar a conseguir la sanación de tu herida y luego la paz. Ayuda mucho el confiar en Jesús. En nuestra vida recibimos su apoyo y su gracia para atravesar las etapas del perdón.

Finalmente, no buscar el mal del otro con la venganza. Como dice C. Duhne (pág. 48): "Si te aferras a que el otro pague por lo que hizo, pondrás toda tu energía en conseguir lo malo. Es preferible canalizar tus esfuerzos en conseguir algo positivo para ti y para los tuyos. Si buscas el mal del otro te quedarás solo. A nadie se le antoja estar al lado de una persona negativa".

Preguntas:

1. ¿Qué cosas me cuestan más trabajo perdonarme a mí mismo? ¿Por qué?
2. ¿Necesito purificar mi relación con Dios y perdonarle algunas cosas?
3. ¿En qué me ayudó la lectura del folleto?

Bibliografía recomendada

- Borysenko, Joan. (1994). *El amor y la culpa*. Buenos Aires, Emecé.
- Breemen, P. V. (1992). *Como pan que se parte*. Santander, Sal Terræ.
- Casarjian, Robin. (1994). *Perdonar*. Barcelona, Urano.
- Duhne, Carmen. (1999). *Rompiendo cadenas*. México. cduhne@deinn.com.mx
- González Vallés, Carlos. (1996). *Querida Iglesia*. Madrid, PPC.
- Levinstein, R. (1997). *El infierno del resentimiento y la magia del perdón*. México, Panorama.
- Linn, Hnos. (1995). *Las buenas cabras*. México, Promesa.
- Linn, Hnos. (1997). *Sanando el abuso espiritual y la adicción religiosa*. Buenos Aires, Lumen.
- López, Francisco. (2000). "Perdonar sin cansancio", en *Revista de Espiritualidad*, Año 2, Núm. 7 junio-agosto.
- Masiá, Juan. (1998). "Aprender a perdonarse a sí mismo y dejarse perdonar", en *14 aprendizajes vitales*. (C. Alemany Ed.) Bilbao, Desclée De Brouwer.

- Peck, Scott. (1995). *El crecimiento espiritual.* Buenos Aires, Emecé.
- Valdez, Luis. (1999). *Comunicación y manejo de sentimientos.* México, Buena Prensa.
- Viorst, Judith. (1990). *El precio de la vida.* Buenos Aires, Emecé.

El gozo de perdonar
Luis Valdez Castellanos, SJ
* * *

Esta obra se terminó de imprimir en noviembre de 2015 en:
Offset Santiago, S.A. de C.V.
Río San Joaquín 436, Col. Ampliación Granada
Código postal: 11520, Ciudad de México
Teléfono: 9126 9040